EDICIONES ANTÍGONA

Teatro

EDICIONES ANTÍGONA

© Diana I. Luque, 2024
© *A favor de la diferencia*, Francisco Valcarce, 2024
© Para todos los países en lengua española:
Ediciones Antígona, S. L.
C/ Prim 15, local. 28004 (Madrid)
Tel: 91.119.17.32 / 640.631.054
info@edicionesantigona.com
www.edicionesantigona.com

Primera edición, 2024

Directora de la colección: Conchita Piña
Diseño de cubiertas: IJdesign sobre un cartel de Pizzicato Estudio Gráfico
Director editorial: Isaac Juncos Cianca

ISBN: 978-84-10060-10-4
Depósito legal: M-3257-2024

Impreso en España / Printed in Spain

EL NIÑO
ER/ZO

DIANA I. LUQUE

TEATRO
INFANTIL

© Enrique Gambarte

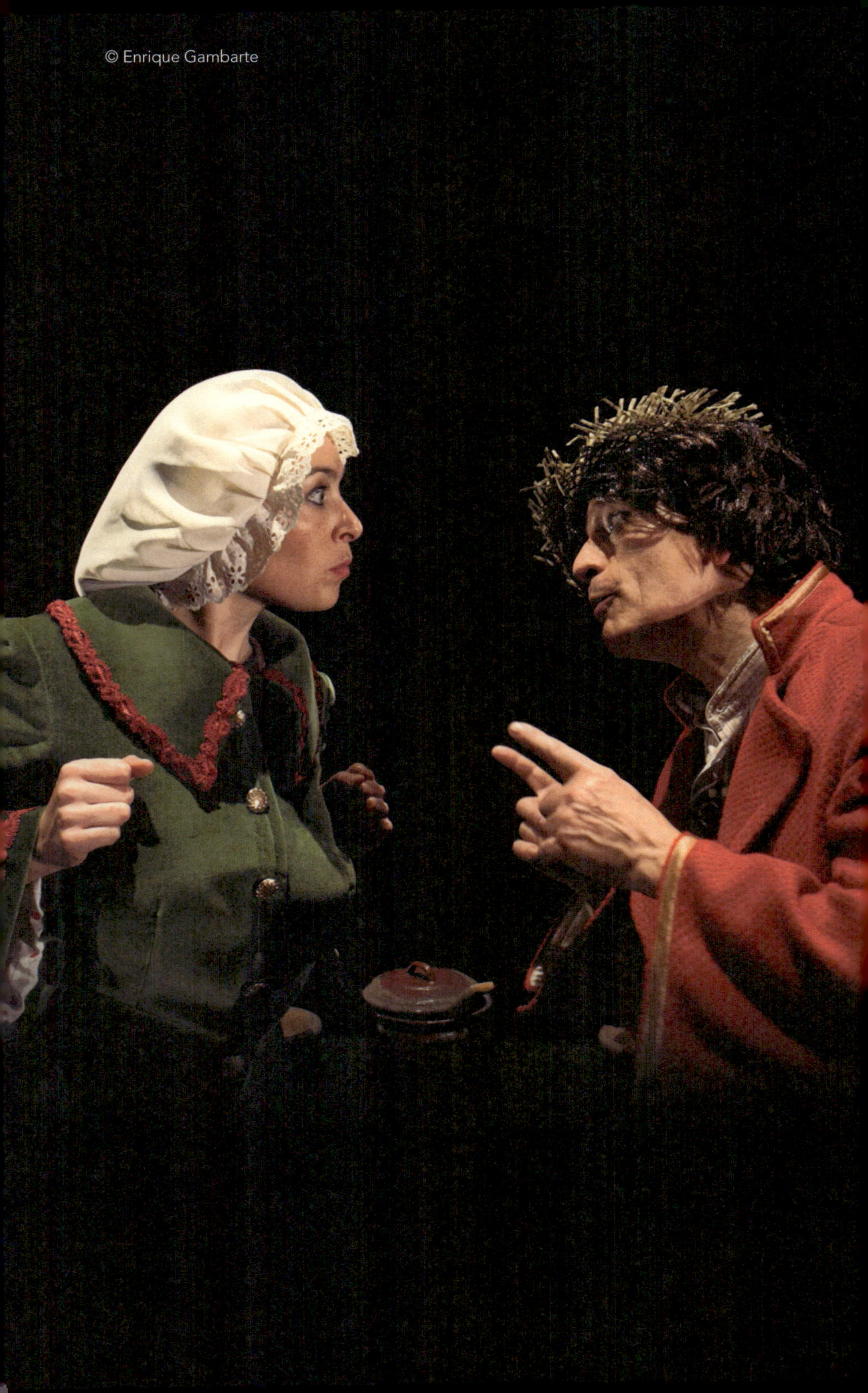

ÍNDICE

A FAVOR DE LA DIFERENCIA

Debemos retroceder a 2011 para encontrar el origen de *El niño erizo*. En aquel año, Diana I. Luque con su obra *Tras la puerta* se alzó con el premio Ricardo López Aranda que convoca el Ayuntamiento de Santander. Quien firma este prólogo presidía el jurado de ese certamen y es entonces, o poco tiempo después, cuando se cruzan las trayectorias de la autora y de la compañía La Machina Teatro, de tal modo que esta encarga a aquella una obra dirigida al público infantil y familiar. Nace así *El niño erizo* a partir de un cuento poco conocido del folclore popular alemán, *Juan, mi erizo*, recopilado por los hermanos Grimm.

Diana I. Luque abordó la escritura del texto entendiendo que el teatro, particularmente el dirigido a un público infantil y juvenil, debe hacerse eco de cuestiones sociales actuales e invitar a la reflexión. Contrariamente a lo que opinan algunos, le parece necesario abordar desde la infancia temas como las diferencias físicas o culturales y la integración social, ya que los prejuicios, la intolerancia y la incomprensión a menudo desembocan en comportamientos abusivos, tales como la discriminación y el acoso escolar. Hay temas que han sido considerados tabú en el teatro para la infancia, como la muerte, la enfermedad, el miedo o la desemejanza

9

corporal. La autora ha despreciado esos recelos, apostando por mostrar una realidad que, a pesar de su crudeza, se presenta con una extraordinaria ternura. Para ello fue consciente de que los cuentos populares han sido tradicionalmente una de las principales vías de transmisión de los valores morales y culturales de una generación a otra, ya que, a través de analogías, los niños y niñas se enfrentan a sus inquietudes y sus miedos. Y por eso rescató y contextualizó en nuestro tiempo la fábula ya citada de *Juan, mi erizo*.

Introduzcamos la historia. Una aldeana ansía tanto tener un hijo que recurre a todo tipo de métodos. Su deseo se cumple y da a luz a un ser mitad erizo, mitad niño, al que llama Juan. Ella lo adora, pero su marido siente que son el hazmerreír de la aldea, pues, además de «raro», su hijo se comporta como un animal y es incapaz de aprender buenos modales. Juan crece sintiéndose diferente y siendo marginado en la escuela. Pasa la mayor parte del tiempo entre los animales de la granja de sus padres, tocando el clarinete y cantando. Tras un incidente, huye de su entorno familiar e inicia un viaje lleno de aprendizajes.

Es fácil apreciar cómo la obra, a través de las experiencias vividas por Juan, invita a niños, niñas y adultos/as a reflexionar sobre la necesidad de valorarse a sí mismo/a y a los demás, de encontrar el valor de la diferencia y también de aquello que nos asemeja. Lola Fernández de Sevilla en su libro *Ogros, espinacas y demás...*, galardonado con el Premio Juan Cervera de Investigación sobre Teatro para la Infancia y la Juventud, analiza las maneras de contar «lo terrible» a niñas y niños, desde la certeza de que la infancia no es exclusivamente el más feliz de los tiempos y considerando necesario que esos/as jóvenes espectadores y espectadoras vean reflejado en el teatro los temas que les inquietan y preocupan. *El niño erizo* participa de esta idea, mostrando al lector/a y al espectador/a situaciones donde aparecen las dudas de los padres o las crueldades de otros niños. Diana asume su responsabilidad artística como creadora de un discurso y un universo que ha de provocar un debate acerca de la función del teatro y de la manera de dialogar con un público infantil. Referida por Fernández de Sevilla en el citado libro, la reputada dramaturga canadiense Suzanne Lebeau escribe: «Estoy cada día más convencida de la necesidad y del interés del TEATRO PARA con la siguiente definición: La búsqueda constante de un equilibrio entre los impulsos de un artista y los puntos de vista de los niños».

El espectáculo que surgió a partir del texto y fruto de un intenso período de producción se estrenó a principios de 2014 en el Palacio de Festivales de Cantabria, presentándose, días más tarde, en el Teatro Jovellanos de Gijón en el marco de FETEN (Feria Europea de Artes Escénicas para Niños y Niñas). Fue candidato al XXII Premio Max de Teatro 2019, como Mejor espectáculo infantil, juvenil o familiar, y galardonado con el Premio Canica 2019 del Café de las Artes de Santander. La puesta en escena se planteó teniendo en cuenta todas las cuestiones comentadas, abordando estas desde la comicidad y la ironía, además de unas dosis de ternura, pero también desde la maldad ingenua propia de la niñez; entreteniendo y, al mismo tiempo, fomentando el aprendizaje de valores positivos. Es interesante reproducir parcialmente la crítica que realizó Fernando Llorente en *El Diario Montañés* con motivo del estreno:

> Es la mirada con la que cada personaje ve la rareza de un niño que, sin dejar de serlo, es además otro ser, el quid del relato. El niño que no quiere ser erizo deja de sentirse raro cuando siente el amor en las miradas de la madre y la princesa. El padre le quiere, sí, pero le mira como un problema. Los compañeros le miran como un bicho raro, objeto de crueldades. Él mismo se mira en sueños libre de su rareza. La niña le mira con ingenua sorpresa; el rey, con curiosidad. Solo el amor de una mirada puede lograr que las púas no pinchen. Y es que todos quedamos atrapados en las miradas de los otros. Si son de amor, para bien; para mal, si no (2014, 30 de enero).

El proceso de creación escénica fue apasionante al tiempo que complejo. Rita Cofiño y quien esto escribe, directores del espectáculo, nos encontramos con diversos obstáculos para poner en pie una obra que se desarrolla en varios escenarios y está protagonizada por media docena de personajes, que han de representar solamente una pareja, una actriz, Patricia Cercas, y un actor, Fernando Madrazo. El trabajo de ambos supuso un alarde interpretativo, puesto que los dos tuvieron que asumir varios papeles. Ella hubo de ponerse en la piel de la madre, la niña María y la princesa, y hasta, en un breve momento, del niño erizo. Y el actor fue Juan, el padre y el rey. Los dos supieron dotar a cada personaje de una identidad singular y propia. Madrazo logró encarnar varios momentos de la infancia, la juventud y la vejez de Juan con absoluta veracidad y Cercas hizo lo propio con una madre envejecida por la espera. Tras la función de FETEN, la crítica elogió de manera especial esa labor. Ferrán Bayle para la revista *Jovespectacle* escribió:

> Un auténtico *tour de force* de los dos intérpretes, Patricia Cercas y Fernando Madrazo, que tienen unos cambios de registro y vestuario records y que consiguen hacernos creer que no hay menos de cuatro actores en el reparto, y solo son dos. Además con muy buena dicción y proyección de voz. Estuvieron sobre la mesa entre los candidatos a la mejor actuación femenina y masculina (2014, 12 de marzo).

Y J. M. Viaplana abundó en este mismo sentido:

> A destacar que los intérpretes no llevan micrófonos, en un espectáculo de estas dimensiones, que puede ir a grandes teatros como el Jovellanos. Por suerte proyectan bien la voz y vocalizan muy bien. También decir que tiene una muy buena producción, reforzada con proyecciones sobre las paredes de las casas, que centran la escenografía y puede que lo más destacable sea la calidad de los actores. Tan buenos, que muchos profesionales no me creían luego, cuando les insistí en que eran solo dos actores (*Jovespectacle*, 2014, 12 de marzo, mi traducción).

Buscar una solución para los diferentes espacios en que sucede la historia fue otro problema que planteaba el posterior montaje. El interior y el pajar de una granja, el patio de un colegio, el campo, montañas, una madriguera y un palacio debían aparecer en el escenario. Este obstáculo se resolvió con la magnífica escenografía que diseñó José Helguera, un dispositivo susceptible de transformaciones distintas que, acompañado de la cuidada y hermosa iluminación de Víctor Lorenzo, adquirió una extraordinaria capacidad de sugerencia, a lo que también contribuyó la participación de herramientas audiovisuales y del teatro de objetos.

La diversidad de situaciones del espectáculo, sustentadas en la esmerada actuación de los protagonistas, indicaban, por otra parte, un desarrollo de la acción basada en un ritmo particular, al que contribuyó eficazmente la música original compuesta por Nacho Mastretta. Se completó la nómina creativa con el vestuario ideado y confeccionado por Paula Roca, eficaz, sugerente y adecuado a los continuos y rápidos cambios de ropa de los actores.

En el vibrante proceso de la puesta en escena se puso de manifiesto la categoría de una dramaturga que elaboró su obra desde diferentes ópticas. Por un lado, es evidente su inmersión en las profundidades del oficio de escritor, que practica con personal talento. Y, por otra parte, nos señala cómo su escritura se sumerge en las interioridades del teatro como hecho escénico, de tal modo que su texto, junto al carácter de obra literaria, alcanza una categoría superior y singular, que se traduce en la petición a gritos de ser representado. El teatro de Diana I. Luque no aspira a quedarse exclusivamente sobre el papel, puesto que su interés también radica en las posibilidades que presenta para su posterior conversión en montaje escénico. Su producción dramática encierra claves y mensajes para que los textos adquieran la condición de hecho escénico vivo. Pero no obstante y, quizá sobre todo, son obras de clara naturaleza literaria. Es decir, el teatro de Diana, además de representado, ha de ser leído. *El niño erizo* es un ejemplo de esta afirmación.

Francisco Valcarce
Director fundador de La Machina Teatro

Dramatis personae

Juan
Granjera
Granjero
María
Niño/a 1, voz en off
Niño/a 2, voz en off
Niño/a 3, voz en off
Niño/a 4, voz en off
Kokó, un muñeco
Rey
Princesa

La obra está basada en un cuento del folclore alemán, *Hans, mi erizo*, recopilado por los hermanos Grimm.

Puede representarse con una actriz y un actor.

El niño erizo se estrenó el 25 de enero de 2014
en el Palacio de Festivales de Cantabria,
a cargo de la compañía La Machina Teatro.

Reparto:

JUAN, GRANJERO, REY - Fernando Madrazo
GRANJERA, MARÍA, PRINCESA - Patricia Cercas

Dirección - Rita Cofiño y Francisco Valcarce
Escenografía e iluminación - José Helguera
y Víctor Lorenzo
Realización escenografía y attrezzo - Habitar la línea,
Díaz, Lorenzo y Madrazo
Construcción títeres - Miguel Ángel Infante
Vestuario - Paula Roca
Música original - Nacho Mastretta
Grabación efectos y voces en off - Jorge Ibáñez
Creación audiovisual - Burbuja Films
Diseño gráfico - Pizzicato Estudio Gráfico

Producción y distribución - Rocío Tagle
y La Machina Teatro

La cocina hogareña en una granja próspera y alegre. La GRANJERA *se afana en preparar la cena. Se escucha a* JUAN, *que recita las tablas de multiplicar en el patio.*

JUAN
(Desde fuera.) Nueve por una es nueve. Nueve por dos, dieciocho. Nueve por tres, veintisiete. Nueve por cuatro, treinta y seis; nueve por cinco, cuarenta y cinco. Nueve por seis, cincuenta y cuatro. Nueve por ocho…

GRANJERA
Por siete.

JUAN
(Desde fuera.) Setenta y dos.

GRANJERA
Siete.

JUAN
(Desde fuera.) ¿Setenta y siete?

GRANJERA
No, nueve por siete, que te lo has saltado.

JUAN
(Desde fuera.) Ah. Nueve por siete… sesenta y tres. Nueve por ocho, setenta y dos. Nueve por nueve, ochenta y una. Y nueve por diez, noventa.

GRANJERA
¿Te queda mucho?

JUAN
(Desde fuera.) No, enseguida acabo. Mamá, el cordero nuevo no quiere entrar al redil. Creo que le doy miedo.

GRANJERA
No digas tonterías, Juan.

Se escuchan balidos a lo lejos.

JUAN
(Desde fuera.) Venga, venga, entra. ¡Bien, vamos! ¡Ya está, mamá, lo he conseguido! *(Entra.)* Creo que va a llover, hay nubes de tormenta.

GRANJERA
¿No ha llegado tu padre aún?

JUAN
No.

GRANJERA
Llegará empapado y refunfuñando, como siempre.

JUAN *va a sentarse a la mesa.*

GRANJERA
¿Te has lavado las manos?

JUAN
Sí.

GRANJERA

Déjame verlas. ¿Y por qué siguen sucias? Anda, ve a lavártelas, cochino.

JUAN ríe socarronamente y sale.

GRANJERA

Espero que tu padre haya conseguido vender todas las cosas. Y que traiga todo lo que le he encargado de la aldea.

Entra JUAN y se sienta a comer.

JUAN

Seguro que se le olvida algo. Es un despistado. ¿Puré otra vez?

GRANJERA

Pero si te encanta el puré de patatas…

JUAN

El de patatas amarillas, no el de patatas verdes que sabe a verduras.

GRANJERA

Cómetelo.

JUAN

¿Por qué los mayores siempre tenéis que elegir lo que comemos los pequeños?

GRANJERA

¿Por qué los pequeños sois tan protestones?

JUAN

Sólo era una pregunta.

GRANJERA
¿Quieres elegir? O te comes el puré o te vas a la cama sin cenar.

JUAN
Pues vaya…

JUAN *sorbe el puré del cuenco.*

GRANJERA
Juan… La cuchara.

JUAN
Perdona, mamá.

JUAN *coge la cuchara. En vez de usarla, sigue sorbiendo ruidosamente el puré.*

GRANJERA
Juan…

JUAN
Perdona, mamá.

JUAN *intenta comer con la cuchara, torpemente. El puré sale disparado.*

JUAN
Ups.

GRANJERA
¡Juan!

JUAN
Ha sido sin querer.

GRANJERA

Mira cómo has puesto todo. Eres un cochino. Se acabó. Desde ahora comerás con los animales.

JUAN

Pero, mamá, ha sido un accidente.

GRANJERA

Ya me has oído, Juan. Fuera. ¡Fuera! ¡Y no te hagas una bola! ¡Ay, esa manía tuya de rodar y rodar! ¡Yérguete cuando caminas!

Sale JUAN.

GRANJERA

Y límpiate los churretes de la cara.

La GRANJERA *recoge la mesa, disgustada.*
Entra el GRANJERO.

GRANJERO

Va a caer una buena… Hay una nube enorme y gris en el cielo, y se ven relámpagos a lo lejos. Iré a comprobar que todos los animales están bien. Se asustan cada vez que hay tormenta y se ponen como locos, los pobrecitos. Mira, me han quedado algunos huevos por vender y un par de quesos. Esos. Pero he vendido las seis gallinas y te he comprado las tres cosas que me pediste.

GRANJERA

Te pedí cuatro.

GRANJERO

Me pediste tres: hilo, tela, pescado y medicina. ¡Uy! Queda terminantemente prohibido ponerse malo en esta casa.

GRANJERA
   Es igual.

GRANJERO
   ¿Por qué tienes esa cara? No me digas que otra vez…

GRANJERA
   Bueno, pues no te lo digo.

GRANJERO
   ¡Qué futuro me espera! ¡Qué futuro!

GRANJERA
   Tiene ocho años y ni siquiera sabe comer con la cuchara.

GRANJERO
   ¡Ningún futuro!

GRANJERA
   Come como un cerdo. Debería comer como un humano.

GRANJERO
   Pero no es un humano.

GRANJERA
   Es nuestro hijo.

GRANJERO
   Sí, pero es que nuestro hijo es un poco…

GRANJERA
   ¿Qué?

GRANJERO
   Que los erizos no son como los hombres.

GRANJERA

Juan es un niño.

GRANJERO

Un niño con garras y hocico, que no puede dormir en una cama porque se clava las púas.

GRANJERA

Le gusta dormir en el pajar, no tiene nada de malo.

GRANJERO

Las bestias duermen en el pajar.

GRANJERA

Juan no es ninguna bestia. Es inteligente, tiene mucha imaginación y buena memoria, aprende rápido.

GRANJERO

Aprende rápido las malas costumbres de los animales, pero se le olvidan pronto los buenos modales humanos.

Truena. Las gotas comienzan a golpear los cristales de las ventanas.

GRANJERO

Tiene suerte de vivir en una granja. ¿Te lo imaginas en la ciudad? No tardaría en aplastarlo algún coche, con esa costumbre suya de hacerse una bola.

GRANJERA

No quiero ni pensarlo.

Truena de nuevo.

Granjera

Seguro que está asustado, voy al pajar a asegurarme de que se encuentra bien.

Granjero

Tendría que estar aquí, con nosotros, durmiendo en una cama.

Granjera

¿Por qué no te acompaña la próxima vez a la aldea?

Granjero

¿Para qué?

Granjera

Si pasase más tiempo con humanos, aprendería a comportarse como tal.

Granjero

¿No va a la escuela?

Granjera

Pasa solo casi todo el tiempo. Su mejor amigo es un gallo.

Granjero

Pero es un gallo de verdad, muchos niños tienen que conformarse con amigos invisibles.

Granjera

¿Te avergüenza que te vean con él?

Granjero

¿Por qué dices eso?

Granjera

Porque sólo va contigo a los pastos, a sacar a las ovejas.

GRANJERO

Las malas lenguas de la aldea ya han cuchicheado todo lo que tenían que cuchichear. Sólo digo que no hace falta que Juan me acompañe, me las arreglo muy bien solo.

GRANJERA

La próxima vez irá contigo. Te las arreglas muy bien solo, pero siempre se te olvida traerme todo lo que te pido.

GRANJERO

Voy a ver a los animales.

El cielo se oscurece y la tormenta crece en intensidad. JUAN *intenta conciliar el sueño en el pajar, entre tinieblas, sobresaltado por los truenos. De vez en cuando, desciende algún relámpago y el pajar se ilumina. Los truenos se confunden con aullidos. Las sombras de los objetos y los árboles se vuelven lobos y zorros feroces.* JUAN *se asusta. Entra la* GRANJERA. *Las sombras desaparecen. Los aullidos se convierten en truenos.*

GRANJERA

Juan, ¿por qué estás hecho una bola?

JUAN

Hay un lobo, lo he oído.

GRANJERA

No hay ningún lobo. Son los ruidos de la tormenta. Si estás temblando… Mi chiquirritín… *(Intenta abrazarle. No se atreve.)* Juan…

JUAN

Tengo miedo y no quiero tener miedo, pero a los lobos les gustan los erizos y a los zorros también les gustan los erizos, y seguro que vienen a comerme.

GRANJERA

Sólo estás asustado. ¿Quieres que te cante para que te tranquilices?

JUAN

¿Por qué soy tan raro, mamá?

GRANJERA

No eres raro, sólo eres un niño un poco especial.

JUAN

¡No soy un niño!

GRANJERA

No digas tonterías, Juan. Andas a dos patas, vas vestido y peinado, y te cepillas los dientes.

JUAN

Uy. *(Ríe socarronamente.)* Es que hoy se me ha olvidado.

GRANJERA

Se te van a llenar de caries y luego te lamentarás.

JUAN

No me importan los dientes, mamá, me importan las púas: los demás niños no tienen. Los demás niños no gruñen, ni cavan hoyos con las garras, ni ruedan por la hierba.

GRANJERA

Los demás niños gruñen y cavan hoyos y ruedan por la hierba; pero no conocerás a ningún erizo que vaya a la escuela y que aprenda historia y matemáticas.

JUAN

Tampoco conocerás a ningún niño que coma orugas.

GRANJERA

No seas cochino, Juan. Y, sí, conozco a muchos que lo hacen. Pero tú no eres un erizo.

JUAN

Tampoco soy humano. Cuando me miro en la laguna, veo un monstruo que me mira con asco y con rabia.

GRANJERA

Eres distinto, Juan, pero eres mi hijo. Tardabas tanto en llegar, que cada día te quería con más ansia. Por eso, busqué remedios y medicinas, fórmulas mágicas y conjuros... Pedí muchos deseos a las estrellas fugaces y a las velas de mis tartas de cumpleaños. Tiré monedas en cada pozo que encontraba y soplé muchos dientes de león para que volasen lejos con mi deseo. Por eso, no sé si eres uno de ellos o eres fruto de algún hechizo, pero eso no importa: porque eres Juan, mi pequeño.

JUAN

¿Estoy hechizado? ¡Es genial! ¡Eso quiere decir que se puede romper el hechizo!

GRANJERA

¿Y eso qué importa, Juan? No digas tonterías, tú eres lo que eres.

JUAN

¡Pero es que yo quiero ser un niño normal!

GRANJERA

¿Y cómo es un niño normal?

JUAN

Pues... depende. A veces es rubio y gordo, y otras es

moreno y guapo, o flaco y listo, o tonto y alto, o bajo y pelirrojo...

GRANJERA
No tienes más que pájaros en la cabeza.

Sale la GRANJERA.

JUAN
O mediano y fuerte, o castaño y feo... De muchas maneras, mamá, pero sin púas. ¿Cómo se rompen los hechizos? ¿Mamá? ¿Mamá? ¿Mamá...?

La tormenta se aleja. Comienza un nuevo día de colegio. Es la hora del recreo. Entra JUAN, *se sienta a leer.*

NIÑO/A 1
(En off.) ¡Puercoespín!

NIÑO/A 2
(En off.) ¡Bestia!

NIÑO/A 3
(En off.) ¡Animal!

NIÑO/A 4
(En off.) ¡Monstruo!

JUAN
¡No soy un puercoespín!

JUAN *sigue leyendo. Entra* MARÍA, *saltando a la comba.*

MARÍA
Hola.

JUAN *continúa leyendo.*

MARÍA
  Hola.

JUAN *sigue leyendo.*

MARÍA
  He dicho «hola», puercoespín.

JUAN
  Erizo, soy un *erizo*.

MARÍA
  Vale, Púas, no te enfades.

JUAN
  Me llamo Juan.

MARÍA
  Vale, pero ¿puedo llamarte Púas?

JUAN
  No.

MARÍA
  Genial, Púas. Yo me llamo María.

JUAN
  Ah.

MARÍA
  ¿Qué haces, lees, estás leyendo, eso haces, leer, y qué lees?

JUAN
  Cuentos de hechizos.

MARÍA
¿Y hay muchos hechizos en los cuentos, de gente hechizada, eso lees, que la gente está hechizada?

JUAN
Leo vocales y continentes.

MARÍA
¿Los continentes son como las consonantes?

JUAN
Son más grandes.

MARÍA
Ah. ¿Te gusta leer, Púas?

JUAN
Sí. Es como oír a un cuentacuentos, pero en silencio. Aunque también es más difícil porque hay muchas vocales y muchos continentes distintos.

MARÍA
Qué va, si sólo hay cinco continentes y seis vocales.

JUAN
¿La A?

MARÍA
La E.

JUAN
La I.

MARÍA
La O.

JUAN
La U, ¿y...?

MARÍA
No, la I ya la has dicho. Falta la H; pero, como no suena, a todos los profes se les olvida por completo.

NIÑO/A 1
(En off.) ¡Puercoespín!

NIÑO/A 2
(En off.) ¡Bestia!

MARÍA
¡Queréis callaros!

NIÑO/A 3
(En off.) ¡Animal!

NIÑO/A 4
(En off.) ¡Monstruo!

MARÍA
¡Que os calléis!

NIÑOS/AS 1, 2, 3 y 4
(En off.) ¡Marieta pataleta, se coge una rabieta! ¡Marieta pataleta, se coge una rabieta!

MARÍA
¿Cuántas veces tengo que repetirlo, eh, cuántas? Que no me llamo Marieta, me llamo María, ¡María!

JUAN
No les hagas caso.

María

¿Que no les haga caso, que no les haga caso…? Pero si me tiran del pelo.

Juan

Y a mí de las púas.

María

¿Que te tiran de las púas, que te tiran de las púas…? ¡Uy, como les coja! *(A los* Niños/ as.) ¡Uy, como os coja! *(A* Juan.) ¿Y tú, desde cuándo eres así?

Juan

No sé. Desde siempre. ¿Y tú, desde cuándo eres así?

María

Um… Cuando tenía seis años era más bajita, la verdad.

Juan

Venga ya, ¿te acuerdas de cuando tenías seis años?

María

Uy, sí, que casi me quedo sin dientes. Pero ahora tengo siete y cuarto.

Juan

¿Y cómo masticas?

María

¡Siete años y cuarto, bobalicón!

Niño/a 1
(En off.) ¡Puercoespín!

Niño/a 2
(En off.) ¡Bestia!

MARÍA
¡Queréis callaros!

NIÑO/A 3
(En off.) ¡Animal!

NIÑO/A 4
(En off.) ¡Monstruo!

MARÍA
¡Que os calléis!

NIÑO/A 1
(En off.) ¿Qué pasa, que te gusta el raro?

MARÍA
¡Que no!

NIÑOS/AS 1, 2 ,3 y 4
(En off.) ¡A Marieta le gusta el raro! ¡A Marieta le gusta el raro!

MARÍA
¡Que no es verdad! ¡Que a mí no me gusta el raro!

JUAN
En realidad, yo no soy raro.

MARÍA
(A los NIÑOS.*)* ¿Veis cómo él no es raro? *(A* JUAN.*)* ¿Ah, no?

JUAN
Te cuento un secreto si me juras que no se lo vas a decir a nadie. ¿Me lo juras?

MARÍA
No.

JUAN
(*Pausa.*) Bueno, te lo voy a contar de todas formas. Mi madre cree que estoy hechizado.

MARÍA
¿Como en los cuentos?

JUAN
Eso intento averiguar.

MARÍA *le da un beso.*

NIÑO/A 1
(*En off.*) ¡Hala! ¿Habéis visto?

NIÑO/A 2
(*En off.*) ¡El raro y Marieta son novios!

NIÑOS/AS 1, 2, 3 y 4
(*En off.*) ¡Se gustan, son novios! ¡Se gustan, son novios!

JUAN *se toca la mejilla. Suspira embobado.*

MARÍA
¿Cuántas veces tengo que repetirlo, eh, cuántas? Que a mí me gustan los príncipes. ¡Los príncipes! Azules, negros, verdes, coloraos, amarillos, marrones… de toooodos los colores. ¡Pero los príncipes, no los animales bobalicones como vosotros! (*A* JUAN.) Bueno, ¿y tú, te conviertes o qué?

JUAN
No sé.

MARÍA

¿Que no sabes? Pero ¿no estabas hechizado?

JUAN

Es que no sé cómo se rompe el hechizo.

Sale JUAN.

MARÍA

¿Que no sabes cómo se rompe, que no sabes cómo se rompe…? Pues vaya…

Sale MARÍA, *saltando a la comba.*
El tiempo sigue su curso mientras la GRANJERA *y el* GRANJERO *se afanan en atender a los animales de la granja y en hacer las labores del hogar. La* GRANJERA *teje un calcetín. Entra el* GRANJERO.

GRANJERO

¿Qué le pasa a este? Está *atontao.*

GRANJERA

Creo que le gusta una niña del colegio.

GRANJERO

Pobre, ya está con esas tonterías.

GRANJERA

Querer y que te quieran no es ninguna tontería. *(Deja a un lado la labor.)* Por lo menos, no se pasa el día rodando.

GRANJERO

¡A saber en qué está pensando!

GRANJERA

¿En qué va a pensar? En lo que piensan todos los chiquillos

de su edad… en cavar hoyos y tenderse en la hierba a comer bichos.

GRANJERO

¡Qué futuro me espera! ¡Qué futuro…! ¡Ningún futuro! ¿Cuántos años vive un erizo?

GRANJERA

¿Por qué lo preguntas?

GRANJERO

Por nada, mujer, por nada.

GRANJERA

¿Por qué no hablas con él?

GRANJERO

¿Yo? Pero… ¿y si es un tema espinoso?

GRANJERA

Ah, eso seguro.

GRANJERO

Es que… ¡Es que yo no sé cómo tratar a Juan!

GRANJERA

¿Cómo no vas a saber?

GRANJERO

No sé porque nadie me lo ha explicado.

GRANJERA

Trátale como a un hijo.

GRANJERO

Ah, claro, como a un hijo… ¿Y cómo se trata a un hijo?

GRANJERA
¿Cómo va a ser? Con amor.

GRANJERO
¿Con amor?

GRANJERA
Con cariño.

GRANJERO
Con cariño…

GRANJERA
Y con respeto.

GRANJERO
Y con respeto, claro. Con amor, cariño y respeto. Bueno…
pues, sea lo que sea, ya se le pasará.

GRANJERA
No, no se le pasará.

GRANJERO
¿Y por qué no hablas tú con él? A ti se te da mejor hablar.

GRANJERA
Claro que a mí se me da mejor hablar. Pero es que Juan
también es tu hijo.

Sale la GRANJERA.

GRANJERO
(Ensayando.) A ver: «Juan, yo…». No. Con amor, con
amor… «Juan, hijo…». Con cariño, va a ser mejor con
cariño. «Ay, chiquirritín mío». ¡Bah! Si le pasa algo, ya se
le pasará.

Sale el Granjero.
Comienza un nuevo día de colegio. Es la hora del recreo.

Niño/a 1
(En off.) ¡Eh, puercoespín, pásanos el balón!

Juan
(En off.) ¿Puedo jugar?

Niño/a 2
(En off.) Tú eres tonto, chaval.

Juan
(En off.) ¿No puedo jugar?

Niño/a 3
(En off.) No, que lo pinchas. Pásanos el balón. Y cuidadito con las púas, bestia.

> *Entra* Juan *tocando el clarinete. Después, se sienta a leer un libro de cuentos.*

Juan
¿Un beso de amor... a una rana? ¡Puaf, qué asco! ¡Además, eso no funciona! Este libro está rematadamente mal. Voy a ver en mi lista secreta qué me queda... «Echarse un jarro de agua fría». Esto hay que tacharlo porque sólo te hace tiritar. «Quemar brujas», mamá no me deja jugar con cerillas. «Matar ogros». ¡Matar ogros!

> Juan *guarda la lista con resignación. Se levanta y se mira detenidamente. Se toca el hocico, observa sus garras, sus púas... hay demasiadas. Después, se fija en el suelo.*

Juan
¡Hala, qué de gusanos!

JUAN *coge gusanos a manos llenas y se los come. Entra* MARÍA, *saltando a la comba.*

MARÍA
Hola.

JUAN *tiene los mofletes llenos. Intenta tragar.*

MARÍA
¿Qué pasa, que no me vas a saludar? ¿Qué haces, comes, estás comiendo, y qué comes, me das, vas a darme?

JUAN *abre la mano y le ofrece.*

MARÍA
¡Arg, qué asco! ¡Estás comiendo gusanos!

JUAN *niega con la cabeza.*

MARÍA
Ah, vale, que eres de esos que se comen los mocos. Bueno, ¿y qué, cómo vas de lo tuyo, alguna corona despuntando entre las púas?

JUAN
Ninguna.

MARÍA
Déjame ver a mí. *(Se pincha con las púas.)* ¡Ay! Pues vaya…

JUAN
Pero mi madre dice que soy el rey de la casa.

MARÍA
Ya.

JUAN

¡Hala! Te has mordido la lengua.

MARÍA *abre la boca y saca la lengua burlonamente.*

JUAN

Pues, entonces, te estás muriendo porque tienes sangre en los labios.

MARÍA

Ah, eso. No es sangre, bobalicón.

JUAN

Uy, si se te han manchado los párpados con ceras de colores.

MARÍA

Uy, pues no me había dado cuenta. Es que soy más despistada… Bueno, pero estoy guapa, ¿no?

JUAN

No sé.

MARÍA

¿Que no estoy guapa, que no estoy guapa…?

JUAN

Guapa, no, *guapísima.*

MARÍA

Pues como de costumbre.

JUAN

¿Jugamos al escondite?

MARÍA
¿Jugamos a ser novios?

JUAN
¿Jugamos a las canicas?

MARÍA
¿Jugamos a ser novios?

JUAN
Es que…

MARÍA
¿Qué pasa, que no quieres ser mi novio?

JUAN
No, sí, que sí, que quiero…

MARÍA
Vale. Empieza.

JUAN
¿Cómo se empieza?

MARÍA
Dime algo bonito.

JUAN
¡Un cerdito chiquitito!

MARÍA
¿Qué?

JUAN
Son tan bonitos…

MARÍA

¡Que son tan bonitos! ¡Que son tan bonitos! ¿Qué pasa, que lo tengo que hacer todo yo? A ver, ¿Juan?

JUAN

¿Sí?

MARÍA

Creo que me gustas un poquito.

JUAN

¿En serio?

MARÍA

No, en serio no, que estamos jugando a ser novios.

JUAN

Ah.

MARÍA

Vamos, te toca.

JUAN

¿A mí? Eh… ¿María?

MARÍA

¿Sí?

JUAN

Que… que creo que me gustas un poquito.

MARÍA

¿Que te gusto un poquito, que sólo te gusto un poquito…?

JUAN

Mogollón, creo que me gustas *mogollón*.

MARÍA
Ah. Y tú a mí también me gustas mogollón.

JUAN
Ah.

MARÍA
Guay.

JUAN
¿Y ahora?

MARÍA
«No, tú más». Vamos, dilo.

JUAN
¿«No, tú más»?

MARÍA
No, tú. Vamos, sigue.

JUAN
No. ¿Tú sabes —?

MARÍA
No, tú.

JUAN
¿Yo?

MARÍA
No, «tú».

JUAN
¿Yo?

MARÍA
No, *yo.*

JUAN
¿Yo?

MARÍA
No, *tú.*

JUAN
¿Tú?

MARÍA
¡Síííí!

JUAN
Ah.

MARÍA
Qué enamorados estamos, ¿no?

JUAN
Demasiao.

MARÍA
¿No me vas a dar un achuchón?

JUAN
No sé.

MARÍA
¿Qué pasa, que tienes otra novia o qué? ¿No será una princesa de esas encantadas, eh, es una princesa encantada de esas, esa es tu novia, una princesa encantada?

JUAN

No, no.

MARÍA

¿Entonces?

> JUAN *abraza a* MARÍA, *que grita y se agita, intentando desasirse.* JUAN *la suelta.*

MARÍA

Ay, me has clavado tus púas.

JUAN

Ha sido sin querer.

MARÍA

¿Que ha sido sin querer, que ha sido sin querer…? ¡Pero si me has clavado muchas!

JUAN

Te estaba dando un achuchón.

MARÍA

Pues deberían prohibirte dar achuchones y tener novias, y tener amigos y tener enemigos y salir a la calle. ¡Y no te hagas una bola, que no te hagas una bola! ¡Vaya birria de príncipe!

> *Sale* JUAN, *asustado. Corre con todas sus fuerzas hasta llegar a casa.*

JUAN

(Desde fuera.) ¡Kokó! ¡Kokó! *(Entra.)* Kokó, vámonos de aquí. Estoy harto. No perdamos más tiempo. Vamos a irnos muy lejos. *(Inquieto, aunque decidido, guarda algunos*

libros y el clarinete en su mochila.) Vámonos, venga. ¡Kokó! Kokó, pero ¿qué haces ahí arriba? Kokó, ven. *(Lo coge.)* Vámonos, Kokó. Corre. Venga, corre.

> Juan *corre muy deprisa con* Kokó *en brazos, ascendiendo montañas y cruzando valles, mientras cae la noche y el cielo se oscurece. Sale* Juan.
> *En los alrededores de la granja, las voces de la* Granjera *y el* Granjero *se elevan en la noche. Entra la* Granjera.

Granjera

¡Juan! Juan, hijo, ¿dónde estás? ¡Juan! ¡Vuelve! Juan, es la hora de la cena, ¿dónde estás? Mi chiquirritín, que se te va a quedar fría y luego no te gusta. ¡Juan, hijo! ¡Juan! ¿Dónde te has metido? ¡Juan, vuelve!

> *Entra el* Granjero.

Granjero

¿No aparece?

Granjera

¿No le has visto?

Granjero

Se ha escapado.

Granjera

Se ha perdido.

Granjero

Es culpa mía. Seguro que no le he querido lo suficiente.

Granjera

Es culpa mía. Seguro que no le he achuchado bastante.

GRANJERO
Es que achuchar a Juan es harto complicado.

GRANJERA
Complicado, no. Es harto doloroso. Tendría que haberle dicho cuánto le quiero…

GRANJERO
Se lo dices todos los días.

GRANJERA
Tendrías que haberle dicho cuánto le quieres.

GRANJERO
Se lo… Se lo… Yo… Ahora resulta que es culpa mía…

GRANJERA
Que no, que es culpa mía.

GRANJERO
¡Qué va a ser culpa tuya! Soy yo que… que… que me da vergüenza que me vean con él. Hala, ya lo he dicho.

GRANJERA
¿Tan poco le quieres?

GRANJERO
No, si quererle, le quiero mucho. Es que… es peculiar.

GRANJERA
Raro.

GRANJERO
Distinto.

GRANJERA
Extraño.

GRANJERO
Singular.

GRANJERA
Y diferente.

GRANJERO
Espacial. Quiero decir, especial. Y no quiero que se pierda.

GRANJERA
Y yo no quiero perderlo. ¡Juan!

GRANJERO
Juan, hijo, ¿dónde estás?

GRANJERA
(Saliendo.) ¡Juan! ¡Vuelve!

GRANJERO
(Saliendo.) ¡Juan!

GRANJERA
(Desde fuera.) ¡Juan, hijo! ¡Juan, vuelve! Juan, ¿dónde estás?

> *El tiempo, que nunca se detiene, sigue su camino, aunque a distinto paso en la granja y en el bosque: mientras* JUAN *ronca durante meses en una madriguera, la* GRANJERA *se sienta a escribir. Las cartas, poco a poco, se amontonan en el suelo.*

GRANJERA
Mi querido Juan, ¿cómo estás, mi niño? Hace mucho

tiempo que te fuiste y seguimos sin tener noticias tuyas. Papá cree que algún zorro ha cavado su madriguera dentro de la granja. No ha logrado cogerlo aún. Lo que ha cogido es un buen resfriado. Los animales te echan de menos, igual que nosotros. Cuídate. Tendrás que crecer más deprisa ahora que estás tú solo. Te quiere, mamá.

En el bosque. Entra JUAN.

JUAN

Buenos días, Kokó. ¿Has dormido bien? ¡Mira! ¡Los árboles vuelven a estar verdes! Ya no hay hojas marrones en el suelo. Y vuelve a hacer calor. ¿Cuánto tiempo habré dormido? Seguro que estamos en un bosque encantado… *(Bosteza.)* Uno de esos que dan mucho sueño. ¡Hala, qué de bichos! Koko, este bosque es una despensa enorme.

La GRANJERA *sigue escribiendo cartas en silencio, al tiempo que* JUAN *bebe agua en la laguna del bosque.*

JUAN

Kokó, ¿sabes por qué me gusta beber en la laguna por las noches? Porque casi no me veo en el agua y no distingo a ese monstruo que me mira con asco y con rabia. Cuando está muy oscuro, tengo que imaginármelo. Y entonces, en vez de un monstruo, veo un ser hermoso.

Sale JUAN *con* KOKÓ *en brazos. La* GRANJERA *escribe otra carta.*

GRANJERA

Mi querido Juan. Hoy cumples dieciocho años. Han pasado muchas cosas desde mi última carta, pero no he tenido ánimo para escribirlas. Una noche tu padre no volvió de la aldea. Lo encontraron por la mañana en el

51

camino. Ahora vivo sola, esperándote. Y tejiéndote calcetines de colores, como cuando eras pequeño. Aunque no sé dónde estás, seguiré escribiéndote para darte las cartas algún día y que sepas cuánto te he echado de menos. Ojalá vengan tiempos mejores. Y tú con ellos. Te quiere mucho, mamá.

Sale la Granjera.
Tiempo después, un día cualquiera de verano, un Rey *algo despistado, bastante bailarín y extrañamente vestido de explorador, se detiene junto a la madriguera de* Juan. Juan *toca su clarinete encaramado a un montículo desde donde el* Rey *no puede verle.*

Rey
Qué hermosa melodía. ¿De dónde vendrá? ¿Hola? ¿Hola?

Juan *deja de tocar.*

Juan
Hola.

Rey
¡Hola! ¿De quién es esa voz?

Juan
Mía. De Juan.

Rey
¿Juan? ¿No serás tú también un explorador?

Juan
No, no. Yo sólo soy… un chico… un chico normal.

Rey
Tonterías, los chicos normales se extinguieron con los

dinosaurios. Y de eso hace miles de millones de años. ¿Eras tú quien tocaba, Juan?

JUAN

Claro. Y tú, ¿quién eres?

REY

Yo soy el rey de un país muy, muy, muy lejano… Tanto, que llevo horas andando y no encuentro mi reino. ¡Cantimploras! ¡Ya es la segunda vez que se me pierde esta semana!

JUAN

(Ríe.) ¡Cómo vais a perder vuestro reino! A lo mejor, os habéis perdido vos, Majestad.

REY

¿Yo? Tonterías, yo sé perfectamente dónde estoy.

JUAN

¿Dónde?

REY

Pues… aquí, en… en… ¿Y mi brújula? ¡Cantimploras! ¡He perdido mi reino y mi brújula el mismo día! Ya solo me falta perder la cabeza… ¡Oh! ¿No oyes? Abre bien los ojos y las orejas, ¡es la llamada de la aventura!

JUAN

¿Qué aventura?

REY

Cualquiera, todas son buenas: podemos escalar un volcán, bajar ríos, cruzar puentes, escapar de las arenas movedizas…

Juan

¿Romper hechizos?

Rey

¡Sí, rompamos hechizos! ¡Me encanta romper cosas! ¿Cómo se rompen los hechizos, Juan?

Juan

¿No lo sabéis, Majestad?

Rey

Claro que sí, yo he explorado mucho y todo lo conozco. La verdad es que no tengo ni idea.

Juan

¡Pues vaya explorador! ¿Qué me daríais, Majestad, si yo os hiciera llegar a vuestro palacio enseguida?

Rey

¡Eso no puede ser! Yo vivo en un país muy, muy, muy lejano…

Juan

Si lo consigo, ¿me daréis lo que os pida?

Rey

¿Y qué vas a pedirme, Juan?

Juan

Una cosa.

Rey

¿Sólo una cosa?

JUAN

Sólo una. *(Consulta su libro.)* Quiero al primero que os reciba cuando lleguéis a vuestro palacio.

REY

¿Sólo eso? Quiero decir… ¿dónde está el truco?

JUAN

No hay truco, Majestad. En mi libro de cuentos dice cómo se hace.

REY

¡Cantimploras! ¿Y me vas a devolver a mi palacio sano y salvo?

JUAN

Sano y salvo, Majestad.

REY

¿Sin trampa ni cartón?

JUAN

Sin trampa ni cartón.

REY

¿Me lo juras porque te mueras de risa, aquí mismo y ahora, si es mentira?

JUAN

Os lo juro porque me muera de risa, aquí mismo y ahora, si es mentira. ¿Trato hecho?

REY

Trato hecho. *(Ríe.)* ¿Sabes quién me recibe cuando llego a mi palacio? Mis pajes con trompetas y el perro de mi hija. *(Ríe.)* Podéis formar una orquesta.

Juan *ríe socarronamente.*

Rey

¿Qué te hace tanta gracia, Juan?

Juan

Nada, nada… Majestad, en un año y un día recogeré lo que me habéis prometido.

Rey

Pero antes tendrás que devolverme a mi palacio.

Juan

Por supuesto, Majestad. *(Canturrea las palabras mágicas.)*

Sin trampa ni cartón.
Por medio de este hechizo,
Con mi sombra os hipnotizo
Y os llevo… a vuestro palacio.

La sombra de Juan, *grande y amenazante, se hace visible.*

Rey

¡Oh! ¡Pero…! ¿Qué… qué eres? ¡No me hagas nada! ¡No me hagas nada! ¡Uy, qué mareo!

El Rey *cae al suelo. Como por arte de magia, la madriguera ha desaparecido y, muy cerquita, se vislumbra el palacio del* Rey, *que despierta aletargado, como quien despierta de un sueño profundo.*

Rey

¿Dónde estoy? ¡Vaya siestecita! ¡Cantimploras! ¿No es este mi palacio? ¡Sí, he encontrado mi reino! ¡Hasta dormido soy un explorador fabuloso! ¡Pajes, salid! ¡Que suenen las trompetas! ¡Que griten «viva»! ¡Traedme los regalos!

PRINCESA

(Desde fuera.) ¿Papá?

REY

¡Uy, no, no, no, no!

Sale la PRINCESA. *Corre a abrazar a su padre.*

PRINCESA

¡Papá! Papá, me tenías preocupada, pensaba que no iba a volver a verte. ¿Qué te pasa, papá? ¿Por qué tienes esa cara?

REY

¿Cara? Yo no tengo ninguna cara…

PRINCESA

Sí, esta.

REY

¿Esta cara? Esta cara quiere decir que nos vamos a mudar de palacio, hoy mismo y sin hacer ruido.

PRINCESA

Papá, ¿estás bien? ¿No te habrás dado un coscorrón?

REY

¡Tenemos que marcharnos enseguida! Nos iremos a un país muy, muy, muy, requete muy lejano. *(Confidencial.)* Estamos en peligro, hija mía. He sido apresado por un… por un… por un bicho. Sí, un bicho enorme y feo, con unas garras afiladas. Quería comerme, pero yo me he defendido valerosamente, dándole un coscorrón y un buen tirón de púas y…

PRINCESA
¿Y un puntapié?

REY
Y un puntapié…

PRINCESA
¿Y un azote en el culo?

REY
Y un azote en el culo…

PRINCESA
¿Y un beso de enamorados?

REY
Y un beso de— No, no, eso no; era muy feo. Hija, ¿no me crees?

PRINCESA
Debería castigarte.

REY
¡Cantimploras! Hija, ¡cómo te pones!

PRINCESA
Porque te marchas al bosque tú solito sin avisar a nadie.

REY
¡Soy un valiente explorador!

PRINCESA
Eres un viejecito cabezota. Y un despistado.

REY
Eso es verdad. Hoy he perdido mi reino.

PRINCESA

¿Otra vez?

REY

Pero ya lo he encontrado. Hija mía, confía en mí, tenemos que marcharnos inmediatamente, antes de que ese monstruo venga a buscarte.

PRINCESA

¿A buscarme? ¿A mí? Pero mira que tienes imaginación, papá…

REY

Y tú lo que tienes que hacer es la maleta. Corre, vámonos.

Sale el REY.

PRINCESA

¡Pero, papá…! ¡Papá, no corras! ¡Espérame!

Sale la PRINCESA *y, sin perder un solo instante, viajan hacia otro palacio, que la* PRINCESA *decora con luces y colores. El tiempo sigue su curso. Se suceden las estaciones. Pasa un año y también un día. Suena la música del clarinete de* JUAN.

PRINCESA

¿Qué es esa música?

REY

¡No puede ser! Estamos en un país muy, muy, muy, requete muy lejano.

PRINCESA

Qué hermosa melodía. ¿De dónde vendrá?

REY

> Es Juan quien toca.

PRINCESA

> ¿Quién es Juan?

REY

> Hija, hace un año y un día hice un trato que hoy me veo obligado a cumplir. Juan me devolvió sano y salvo a palacio, a cambio de quedarse con quien saliera primero a recibirme. Fuiste tú. Me temo que ahora debes ir con él.

PRINCESA

> ¿Y si no quiero?

REY

> Si no quieres, tendré que obligarte.

PRINCESA

> ¡Pero si no le conozco!

REY

> Haz caso a tu padre…

PRINCESA

> ¡No quiero!

REY

> Pues… haz caso al rey.

PRINCESA

> ¡He dicho que no quiero y no quiero!

REY

> ¡Hija, que eres princesa!

PRINCESA

¡Yo no he pedido ser princesa, ni vivir en un palacio! ¡Yo quiero ser normal!

REY

Pero, hija, tú eres lo que eres.

PRINCESA

¡Pues no me gusta ser lo que soy!

REY

Tonterías. Iré a asegurarme de que reciben a Juan como es debido.

Sale el REY.

PRINCESA

Pero… Papá… ¿Papá? ¿Por qué nunca me escuchas? ¿Por qué los padres siempre tenéis que decidir lo que tenemos que hacer los hijos? Yo ya soy mayor, ¿me oyes? Hasta conduzco mi propia carroza. ¡Márchate tú con él, si quieres! Llévatelo a explorar y entretenlo con tus aventuras, ¡pero a mí dejadme tranquila!

JUAN

(Desde fuera.) Alteza…

La PRINCESA *se queda petrificada, observa a* JUAN.

PRINCESA

¡No puede ser! Eres… eres un…

JUAN

(Desde fuera.) Soy Juan.

PRINCESA
    ¡No! ¡No!

La PRINCESA *corre, horrorizada. Entra el* REY.

REY
    Hija mía, deja de llorar.

PRINCESA
    ¡No quiero vivir con un erizo!

REY
    No es un erizo. Es un… un… ¡Mira que he visto bichos
    raros, hija, pero a este no sé cómo llamarlo!

PRINCESA
    Es un monstruo, papá, un monstruo. Mitad hombre,
    mitad bestia.

REY
    Pero toca muy bien, eso no me lo negarás.

PRINCESA
    Y eso lo hace aún más raro.

REY
    Si te vas con Juan, te daré una dote enorme, con vestidos
    de baile y joyas.

PRINCESA
    ¿Para qué? Si la gente no se va a fijar en lo que llevo pues-
    to, sino en el erizo que me cuelga del brazo.

REY
    No seas testaruda… Dime qué quieres.

PRINCESA

Quiero no tener que marcharme con él.

REY

¡No puede ser! Tendrás que hacerlo, tanto si quieres como si no.

PRINCESA

Pues, si lo tengo que hacer, será con condiciones. Para empezar, yo no me marcho, que venga Juan a vivir aquí.

REY

¿Aquí, a mi palacio?

PRINCESA

¡No hay trato!

REY

Está bien, vivirá aquí.

PRINCESA

¿A qué clase de acuerdo habéis llegado? Porque yo no me quiero casar con un erizo.

REY

Y yo no quiero que lo hagas.

PRINCESA

Bien. Entonces, intentaré que Juan y yo seamos amigos. Y, como yo ya soy mayor… desde ahora me preguntarás qué quiero hacer, en vez de decirme lo que tengo que hacer. Y…

REY

¿Y?

PRINCESA
No volverás a salir a explorar.

REY
Pero… pero… ¡Vivimos en un mundo fascinante! ¿Quién sabe qué misterios encierra, cuántos tesoros quedan aún por encontrar?

PRINCESA
¡No hay trato!

REY
¡Cantimploras y requete cantimploras! ¡Una hija no debería prohibirle cosas a su padre!

PRINCESA
Una hija no debería pagar por los errores de su padre.

REY
(Pausa.) Este mundo misterioso va a perder un excelente explorador…

PRINCESA
¿Se acabaron las aventuras y las expediciones?

REY
Se acabaron.

PRINCESA
Trato hecho.

REY
Trato hecho. Ve a hablar con Juan.

PRINCESA
¿Ahora?

REY
Le has recibido con muy malos modales. Hija, lleva todo el día esperando... Bueno, pues, como ya eres mayor, decide tú: ¿quieres hablar con él o no quieres hablar con él? Bah, haz lo que quieras, yo me voy a dormir, ¡a soñar con aventuras!

Sale el REY.

PRINCESA
Muy bien. Pues ya que tengo que decidir yo solita... decido... que iré mañana. Con lo tarde que es ya... Y, si lleva todo el día esperando, no le importará esperar un poco más. Además, seguro que no he sido la primera que se ha asustado al verlo y estará acostumbrado... ¿O no? *(Duda.)* Pero... pero ¿qué culpa tengo yo de que sea como es? Ni de que se presente sin avisar. Tendría que haber llamado diciendo que iba a venir y que es un erizo, o un medio-erizo, y no asustarnos presentándose de repente y... y pasándose el día él solo... tocando una melodía tan triste...

La PRINCESA *duda. Después, se dirige al aposento de* JUAN. *Cuando llega, el reloj marca el paso a un nuevo día. La luz de la luna se filtra por la ventana e ilumina a* JUAN, *que, mágicamente, se desprende de su piel con púas y la deja caer al suelo. La* PRINCESA *llama a la puerta.*

JUAN
¿Quién es?

PRINCESA
La princesa. *(Pausa.)* ¿No vas a abrir?

JUAN
¿Ahora? Estoy... Estaba durmiendo.

PRINCESA

Juan, siento cómo te he tratado antes. ¿No estarás enfadado porque me he asustado al verte?

JUAN

No.

PRINCESA

Bien. Oye, no tengo por costumbre hablar con las puertas, ¿puedes abrirme? ¿Juan? ¿Juan? ¿Vas a abrir?

JUAN

Es que… si abro, te vas a asustar.

PRINCESA

¡Muy bien! Pensaba que podríamos ser amigos, pero ya veo que eres un erizo bobalicón y cabezota.

JUAN

¡Espera! Está bien. *(Duda.)* ¿Estás preparada?

PRINCESA

¿Quieres abrir de una vez?

JUAN *abre la puerta.*

PRINCESA

Lo siento, Juan, no quería molestarte. Uy, ¿quién eres? ¿No habrás visto a Juan?

JUAN

Yo soy Juan.

PRINCESA

¡Vaya mentira más mentirosa!

JUAN

No es ninguna mentira mentirosa.

PRINCESA

¿Ah, no? ¿Y tus púas?

JUAN

Se me han caído. Es que… es que creo que estoy hechizado.

PRINCESA

¿Hechizado? ¡Vamos, hombre!

JUAN

Que sí, que sí. *(Le enseña su libro de cuentos.)* Mira, en mi libro de cuentos dice que un pato se convirtió en cisne.

PRINCESA

¿Así, de repente?

JUAN

Así, de repente. Y mira, también hay una rana que se convirtió en príncipe.

PRINCESA

Claro. ¿Y si comes una fresa, te conviertes en princesa? Este libro está rematadamente mal.

JUAN

Bueno, no importa… Mañana me verás como antes.

PRINCESA

¿Por qué? A mí me gustas más así.

JUAN

¡Pero si soy el mismo!

PRINCESA
Pero así no pareces tan…

JUAN
¿Monstruo?

PRINCESA
Erizo.

JUAN
Pues vaya…

PRINCESA
Ah, ¿y si eres humano y todavía no lo sabes?

JUAN
No, sí, sí que lo sé. Mi madre creía que estaba hechizado, pero nunca buscó la forma de romper el hechizo.

PRINCESA
¿Y eso por qué?

JUAN
Porque era su chiquirritín.

PRINCESA
Ah.

JUAN
Mira. *(Le ofrece su libro de cuentos.)* Lee.

PRINCESA
«Si tres días en silencio guardas el secreto, la bestia en hombre cambiará su aspecto».

JUAN

Pero no sé si funciona.

PRINCESA

¡Pues tendremos que averiguarlo!

La PRINCESA *lee con mucha curiosidad el libro de cuentos que* JUAN *le ha prestado. Una sonrisa se dibuja en su rostro mientras lee.*

PRINCESA

¿Dar un beso de amor a una rana? ¡Puaf! ¡Qué asco! Echarse un jarro de agua fría. *(Ríe.)* ¡Qué tontería! *(Asustada.)* Quemar brujas… Pero ¿hay brujas? *(Sorprendida.)* ¡Matar ogros!

Entra el REY.

PRINCESA

¿Qué haces vestido de explorador?

REY

¡Vengo de un lugar maravilloso y lleno de aventuras!

PRINCESA

Papá, ¡has roto tu promesa!

REY

De la biblioteca, hija, vengo de la biblioteca. He leído libros viejos, grandes y llenos de polvo, y he encontrado… *(Confidencial.)* He encontrado un secreto increíble.

PRINCESA

¿Qué secreto?

Rey

Juan está… hechizado.

Princesa

Ah, eso.

Rey

¿Lo sabías?

Princesa

(Fingiendo.) ¡No, no! ¡Qué me dices!

Rey

Sí, algo sospechaba… Juan me parece demasiado humano para ser un erizo, y demasiado puntiagudo para ser un humano. *(Confidencial.)* Sé la forma de romper el hechizo.

Princesa

No hay que contarle a nadie el secreto.

Rey

No voy a contárselo a nadie, no te preocupes.

Princesa

¿No es esa la forma?

Rey

No. Solo hay una manera: esta noche busca alguna excusa para entrar en su aposento después de las doce. Como hace frío, diré a los criados que enciendan su chimenea. Si lo que he averiguado es verdad, Juan se habrá quitado su piel con púas. Cógela y arrójala al fuego. Sólo así le librarás del hechizo.

PRINCESA

Pero… no puede ser. ¿Seguro que esa es la forma?

REY

Tiene que ser. Si esta noche ves a Juan sin púas, entonces tiene que ser verdad. ¡Oh! ¡Espera! Abre bien los ojos y las orejas, ¿no lo oyes?

PRINCESA

¿No será la llamada de la aventura?

REY

¡Sí! Ya que llevo puesto mi viejo traje de explorador, no estaría mal hacer una última excursión por el bosque.

PRINCESA

Ni se te ocurra.

REY

¡Cantimploras y requetequete cantimploras! ¡Hija, eres muy marimandona!

Sale el REY.

PRINCESA

(Duda. Consulta el libro de cuentos.) Pero el libro de Juan no dice nada de quemar pieles. «Si tres días en silencio guardas el secreto, la bestia en hombre cambiará su aspecto». ¿Y si mi padre se equivoca? ¿O si el libro se equivoca? O, peor, ¿qué pasa si los dos están equivocados? ¿Y si Juan no se vuelve a quitar la piel nunca más y se queda convertido en erizo para siempre? ¡Ay, qué difícil es tomar decisiones de mayores!

El reloj marca el paso a un nuevo día mientras la PRINCESA *se acerca al aposento de* JUAN *con una taza en la mano. El fulgor de las llamas en la chimenea parece competir con la luz de la luna, que se filtra por la ventana.* Juan *se desprende de su piel con púas y la deja caer al suelo. La* Princesa *llama a la puerta.*

Princesa
Juan, soy yo, la princesa. Te traigo una taza de té. He pensado que podrías tener frío. ¿Juan?

Juan
Enseña la patita por debajo de la puerta.

Princesa
¡Juan!

Juan *abre la puerta.*

Juan
Chis… Es muy tarde.

Princesa
Chis… ¡Hace frío!

Juan
Ven, caliéntate junto a la chimenea.

Princesa
Juan… ¿Por qué no tocas una canción?

Juan
¿Ahora? Pero si ya están todos roncando.

Princesa
Una muy bajito. Por fa…

Mientras JUAN *va a por su clarinete, la* PRINCESA *recoge la piel del suelo, dispuesta a arrojarla a las llamas.*

JUAN

¡Espera! ¿Vas a quemarla? ¿Sabes lo que pasará si lo haces?

PRINCESA

Es que yo no quiero que seas un erizo.

JUAN

A mí me gusta ser así. Ahora, cuando me miro en la laguna por las noches, no veo un monstruo, veo un ser hermoso.

PRINCESA

Pero a mí me gustaría que fueras siempre como yo.

JUAN

¿Mujer?

PRINCESA

¡No, hombre!

JUAN

¿Y qué tiene de particular ser como tú?

PRINCESA

Pues… Que así eres como los demás.

JUAN

¿Y qué tienen los demás de particular?

PRINCESA

Que son… como yo.

JUAN
   Pues vaya…

   JUAN *extiende la mano solicitando su piel. La* PRINCESA *duda. Después, arroja la piel al fuego.* JUAN *ruge ferozmente y sale corriendo.*

PRINCESA
   ¡No! ¡Juan! ¡Perdóname, Juan! ¡Juan, no te vayas!

   La PRINCESA *se apresura a apagar el fuego de la chimenea, pero es demasiado tarde. Sale en busca de* JUAN. *Durante varios días, recorre el valle, escala montañas y cruza el bosque. La* PRINCESA *se inclina a orillas de una laguna y observa su reflejo en la noche. Cuando el sol asciende, continúa la marcha.* JUAN *y* KOKÓ, *que han emprendido su camino de vuelta a la granja, también recorren el valle, escalan montañas y cruzan el bosque. La piel de* JUAN *sigue llena de púas, pero su aspecto es oscuro como el tizón. Después de varios días de marcha, llegan a la granja, donde la* GRANJERA *está tejiendo calcetines.*[1]

JUAN
   (Desde fuera.) ¿Mamá? ¿Mamá?

GRANJERA
   ¿Juan?

   Entra JUAN.

JUAN
   ¡Mamá!

---

[1] La puesta en escena de La Machina Teatro prescinde del diálogo a continuación. El reencuentro se concreta en un alegre y cariñoso abrazo de bienvenida.

GRANJERA
   ¡Juan, hijo mío! ¡Mi chiquirritín! *(Se lo come a besos.)* ¿De verdad eres tú? ¡Cuánto te he echado de menos! ¡Qué grande estás! ¡Y qué flaco! Si es que no me comes nada…

JUAN
   Pues tengo mucha hambre.

GRANJERA
   ¡Y qué púas más negras!

JUAN
   Estoy churruscadito…

GRANJERA
   ¡Y qué plumas más sucias, Kokó!

JUAN
   Tengo mucha hambre, mamá.

GRANJERA
   ¡A la bañera los dos!

JUAN
   Mamá, que tengo hambre…

GRANJERA
   ¡Venga, a la bañera!

JUAN
   Pero… que tengo hambre, mamá.

GRANJERA
   ¡Ay, mi chiquirritín! *(Se lo come a besos.)* ¡Cuánto te he echado de menos!

JUAN

Hambre, mamá…

GRANJERA

Venga, a bañarse, que mientras voy a preparar tu comida favorita.

Sale la GRANJERA.

JUAN

¿Gusanos?

GRANJERA

(Desde fuera.) Puré de patatas.

Los días pasan felices en la granja. JUAN *se sienta junto a* KOKÓ *y toca su clarinete. Entra la* PRINCESA.

PRINCESA

Tienes las púas negras. Eso te lo he hecho yo, ¿verdad? ¿Me perdonas?

JUAN

Claro que te perdono. ¿Cómo me has encontrado?

PRINCESA

No lo sé, me parecía que podía oír tu música desde muy lejos. ¿Sabes que se me han roto los zapatos de andar tanto?

JUAN

¡Uy! Y tienes los calcetines llenos de tomates…

JUAN *y la* PRINCESA *ríen.*

PRINCESA

Juan… Me he mirado varias noches en el agua de una laguna y he visto un monstruo que me miraba con asco y con rabia. ¿Cómo puedo haber cambiado tanto de repente?

JUAN

No lo sé. Yo te veo igual. Oye, ¿quieres venir a mi casa? Y así conoces a mi madre y a todos mis amigos, ¿te acuerdas de Kokó?

PRINCESA

Claro, si me servía de despertador todas las mañanas.

JUAN

Se va a alegrar mucho de verte. ¡Podemos darte una fiesta de bienvenida!

PRINCESA

¿Con mucha comida?

JUAN

¡Y con música!

PRINCESA

¿Y con mucha, mucha comida?

JUAN

Y podemos bailar ¡y disfrazarnos!

PRINCESA

¡Vale! ¿Y comida, va a haber?

JUAN

Claro. Oye, ¿a ti te gustan los calcetines de colores?

PRINCESA
Me gusta más el puré de patatas, pero si no hay otra cosa…

JUAN
¡Pues te vas a atiborrar! Mi madre ha tejido cien pares de calcetines. ¿Qué digo cien? ¡Doscientos!

JUAN y la PRINCESA juegan a girar y enredarse en una cadena enorme de calcetines de colores.

PRINCESA
¡Qué bonitos!

JUAN
¡Trescientos o más! ¡Miles!

PRINCESA
¡Me encanta!

JUAN
¿Quieres que vayamos esta noche a la laguna juntos, a ver qué vemos?

PRINCESA
Vale. ¿Y si vemos monstruos?

JUAN
Los asustamos. ¡Buh!

PRINCESA
¡Ay!

JUAN y la PRINCESA ríen. Se marchan jugando con la cadena de calcetines.

Fin.

@edantigona

 @edicionesantigona

 @edantigona